# Quand les maths font peur

Comprendre et réduire l'anxiété mathématique chez les jeunes de 10 à 18 ans

DJELLE Opely Patrice-Aimé

Copyright © 2025 DJELLE Opely Patrice-Aimé

Aucune partie de ce livre ne peut être reproduite, distribuée ou transmise sous quelque forme ou par quelque moyen que ce soit, y compris la photocopie, l'enregistrement ou d'autres méthodes électroniques ou mécaniques, sans l'autorisation écrite préalable de l'éditeur et de l'auteur, sauf dans le cas de brèves citations incorporées dans des critiques et de certaines autres utilisations non commerciales autorisées par la loi sur les droits d'auteur.

Éditeur: Upway Books
Auteur: DJELLE Opely Patrice-Aimé
Titre: Quand les maths font peur: Comprendre et réduire l'anxiété mathématique chez les jeunes de 10 à 18 ans
ISBN: 978-1-917916-69-1
Couverture réalisée sur: www.canva.com

Ce livre est un ouvrage de non-fiction. Les informations qu'il contient sont basées sur les recherches, l'expérience et les connaissances des auteurs au moment de la publication. L'éditeur et les auteurs ont fait tout leur possible pour garantir l'exactitude et la fiabilité des informations, mais ils 'assument aucune responsabilité en cas d'erreurs, d'omissions ou d'interprétations contraires du sujet traité. Cette publication n'est pas destinée à se substituer à un avis ou à une consultation professionnelle. Les lecteurs sont encouragés à demander l'avis d'un professionnel si nécessaire.

contact@upwaybooks.com
www.upwaybooks.com

# SOMMAIRE

Chapitre 1 — Les maths et la peur : un phénomène universel ................... 5

Chapitre 2 — Les déterminants de l'anxiété mathématique ..................... 15

Chapitre 3 — Une lecture par les représentations sociales ...................... 21

Chapitre 4 — Méthodologie et résultats de l'étude ................................. 25

Chapitre 5 — De l'anxiété à la confiance : pistes pédagogico-thérapeutiques ................................................................................ 47

# Chapitre 1 — *Les maths et la peur : un phénomène universel*

- L'anxiété mathématique : définitions et manifestations
- Les impacts sur la réussite scolaire et personnelle
- Témoignages et réalités vécues par les élèves

*L'anxiété mathématique : définitions et manifestations*

L'émotion dans la relation affective enseignant-élève joue des rôles divers dans le processus de raisonnement-apprentissage, car " *elles sont est au cœur de la vie mentale des êtres* humains".

*"Le cœur a ses raisons que la raison ne commit pas"* cette phrase de Biaise Pascal (Pensées, 1671) révèle le peu d'intérêt voire la méfiance que la philosophie et la science ont accordé aux émotions et aux sentiments ; celles-ci ayant durablement été opposées à la raison et à la connaissance. Même si l'école également a longtemps fait peu cas de l'affectivité dans la relation d'apprentissage, aujourd'hui cette conception semble évoluer. *"Je ne peux rien lui enseigner, il ne m'aime pas".* Cette phrase de Socrate illustre bien toute l'importance de l'affectivité et de la relation interpersonnelle qui s'installer pour mener à bien le processus d'apprentissage.

Une émotion est une réaction affective, heureuse ou pénible, se manifestant de diverses façons (Sillamy, 1980). L'anxiété est l'émotion la plus souvent associée aux difficultés d'apprentissage en mathématiques. Elle est caractérisée par un sentiment d'inquiétude, d'insécurité et de troubles physiques diffus par rapport à un danger indéterminé devant lequel on se sent impuissant (Sillamy, 1980). L'anxiété à l'égard des mathématiques peut aller de l'inquiétude à la peur (Lafortune, 1992) et faire vivre des tensions difficilement surmontables.

L'anxiété due aux mathématiques est différente de l'anxiété en général et n'est pas directement liée à l'intelligence (Ashcraft et Moore, 2009). L'anxiété due aux mathématiques, c'est «l'émotion la plus fréquemment ressentie» en mathématiques (De Flandre, 2006). Cet auteur précise que l'anxiété due aux mathématiques est causée par les idées que l'on entretient par rapport à cette matière, soit à nos croyances.

Mais comment définissons-nous l'anxiété ? Lafortune (1992) définit l'anxiété comme un «état affectif caractérisé par un sentiment d'inquiétude, d'insécurité et de troubles physiques diffus vis-à-vis d'un danger indéterminé dans lequel on se sent impuissant». Ce concept de source indéterminée est partagé par Daigneault, Laurin et Perrault (2011) qui ajoutent toutefois le lien avec l'environnement. Selon eux, le stress provient du lien entre la personne et son environnement. Il survient lorsque l'individu constate le manque de concordance entre ce que la situation exige et les ressources qu'il possède. En effet, «les stress sont spécifiques à cette période de la vie, marquée par de nombreux doutes et changements».

Pour Servant (2003), les manifestations de l'anxiété les plus fréquentes chez l'adolescent sont le manque de confiance en soi par rapport à la réussite, la peur de tout rater, la peur de ne pas être à la hauteur, etc. Les pensées anxieuses portent donc nécessairement en partie sur le travail scolaire et la réussite. Cette anxiété spécifique aux mathématiques peut être définie comme un «état affectif caractérisé par de l'inquiétude, des malaises et de la peur qui peut empêcher de faire des mathématiques» (La fortune et Massé, 2002). Zakaria et Nordin (2008) ont aussi une définition semblable de l'anxiété due aux mathématiques, mais ils ajoutent qu'elle est généralement liée à de la désorganisation et une perte des moyens. Dans leur étude, ils ont observé comment l'anxiété mathématique pouvait influencer la performance, mais aussi la motivation. Ils ont conclu qu'en plus d'influencer négativement les performances mathématiques, l'anxiété avait un fort effet sur la motivation, qui à son tour pouvait faire diminuer les performances.

En plus de l'anxiété due mathématique, un concept revient souvent dans les écrits et il s'agit de la peur des maths. Selon La fortune et Massé (2002), «la peur des mathématiques est un état affectif caractérisé par des sentiments d'aversion et de panique à l'égard de cette discipline». Elles considèrent que la peur des mathématiques a des conséquences au niveau du choix de carrière et qu'elle cause de la désorganisation mentale, de l'évitement, des trous de mémoire et des pertes de contrôle. Ashcraft et Moore (2009) ajoutent que l'anxiété mathématique découle beaucoup de l'anxiété par rapport aux évaluations. Dans un même ordre d'idées, De Flandre considère que penser qu'échouer un examen est catastrophique est un mythe solidement ancré dans la vision que les élèves ont par rapport aux mathématiques. Comme les élèves sont anxieux à l'idée de ne pas performer, ils sont anxieux à l'idée d'être évalués. Sparks (2011) explique que le simple fait d'annoncer un examen de mathématiques augmente le niveau de stress mesuré dans l'hypothalamus chez les élèves redoutant les évaluations. Les auteurs (Servant ,2003) ; La fortune ,1992 ; Daigneault, Laurin et Perrault ,2011) expliquent ce phénomène par la pression de la réussite. En effet, l'école et les parents exigent beaucoup de l'élève et celui-ci vit dans un climat de compétition où il lui est difficile d'établir ses priorités (Servant, 2003). Selon La fortune, cette pression est accrue en mathématiques puisque cette matière constitue un outil de sélection grandement utilisé. Finalement, lorsque la réussite devient si importante qu'elle occupe une place démesurée dans son quotidien et nuit à sa qualité de vie, l'élève ressent de l'anxiété de performance ce qui s'ajoute aux difficultés qu'il a des mathématiques.

*Les impacts sur la réussite scolaire et personnelle*

Par tous les enseignants interrogés, la relation affective recouvre le savoir-être : objet d'enseignement, le savoir-être est transmis au cours de la pratique au même titre que les savoirs savants. Cette transmission semble s'effectuer de deux façons complémentaires, à la fois par mimétisme et dans la verbalisation des attentes éthiques du professeur. Les enseignants ont une âpre conscience de constituer un modèle de repère pour les élèves, et ils doivent avoir une attitude la plus irréprochable possible. C'est par mimétisme que les élèves observeraient les valeurs affichées par le professeur. Les valeurs attendues son honnêteté, respect, actes de civisme, persévérance... qui sont exprimées selon le cours. Elles sont rattachées à l'humanité qui incombe a tout adulte qui a eu charge la responsabilité des enfants. *Il est clair que "l'affectivité est consubstantielle à la relation éducative parce que la formation vise à mettre au jour et à déployer un "clair-joyeux" en soi-même, c'est à dire un sentiment d'unité dynamique de la personne tout entière ",* s'appuyant sur une sensibilité ou « résonance intuitive et affective » dans le rapport au monde. D'autant plus que, dans un métier de l'humain, dont le socle supposé est la bienveillance, cela relève d'une éthique de l'agir professionnel, celle du leadership éthique, qui dépasse les simples discours de bonnes intentions (Gendron, et Lafortune, 2004).

La relation affective et apprentissage prend plus d'ampleur lorsqu'on est du côté des apprenants. Ce dernier motivé par l'enseignant, apprend mieux. L'élève a ainsi besoin d'être aimé, d'être compris, d'être assisté et d'être grandi. Ce n'est pas le *"savoir maîtrisé qui importe mais, l'ensemble des émotions et des sensations qui conduisent à l'envie de les reproduire"* (Daviss et Louveau, 1991).

L'enseignant veillera alors à créer les conditions d'un climat motivationnel de maitrise afin d'encourager les buts d'orientation vers la tâche et les buts d'orientation vers l'ego. Il faudrait éviter les affects négatifs qui aboutissent au découragement et à ce que Leury et Fcnouillet (1997) appellent "*l'impuissance apprise ou encore résignation apprise qui arrive lorsque l'organisme ne perçoit plus de relation entre ce qui fait et les résultats de son action*". Ainsi, les émotions et les sentiments doivent donc constituer des moyens pour apprendre mais aussi des objectifs.

Dans toute relation pédagogique, inévitablement, le plaisir d'enseigner fait écho au plaisir d'apprendre et le plaisir d'apprendre fait écho au plaisir d'enseigner. C'est à un véritable changement de paradigme que nous enseignants sommes appelés.

Cette anxiété spécifique aux mathématiques peut être définie comme un «état affectif caractérisé par de l'inquiétude, des malaises et de la peur qui peut empêcher de faire des mathématiques» (La fortune et Massé, 2002). Zakaria et Nordin (2008) ont aussi une définition semblable de l'anxiété due aux mathématiques, mais ils ajoutent qu'elle est généralement liée à de la désorganisation et une perte des moyens. Dans leur étude, ils ont observé comment l'anxiété mathématique pouvait influencer la performance, mais aussi la motivation. Ils ont conclu qu'en plus d'influencer négativement les performances mathématiques, l'anxiété avait un fort effet sur la motivation, qui à son tour pouvait faire diminuer les performances.

L'anxiété due aux mathématiques est causée par les idées que l'on entretient par rapport à cette matière, soit à nos croyances. L'anxiété comme un «état affectif caractérisé par un sentiment d'inquiétude, d'insécurité et de troubles physiques diffus vis-à-vis d'un danger indéterminé dans lequel on se sent impuissant» (Lafortune ,1992). Ensuite à l'inquiétude cela va être corsé par la migraine de ceux étant au lycée. Par la suite c'est une perte de confiance en soi et une désorganisation mentale qui va s'installer d'où la frustration dans laquelle l'apprenant.

Les attitudes face à la mathématique se forment dès l'enfance et tendent à se détériorer quand l'étude de cette discipline touche à concepts plus abstraits. Ainsi, l'élève qui connaît des insuccès répétés en vient à développer une attitude négative envers la mathématique et il adopte un comportement d'évitement face aux tâches mathématiques. L'inquiétude et la perte de confiance ils vont être frappes de trou de mémoire la panique qui se termine par la frustration.

Les attitudes sont inférées de ce qu'une personne dit à propos d'un objet, de ce qu'elle ressent à l'égard de cet objet et de ce qu'elle dit à propos de son comportement face à l'objet en question (Collette, 1978). Les dispositions affectives peuvent donc être des stimulants pour l'apprentissage mais elles peuvent aussi interférer en rendant les facteurs cognitifs de l'apprentissage moins actifs, donc moins efficaces. Elles peuvent parfois même inhiber le processus d'apprentissage lui-même; c'est souvent le cas des individus ayant vécu de multiples échecs (Tobias, 1980).

La peur des maths a des impacts négatifs sur la réussite scolaire, notamment en provoquant une baisse de la motivation et de la confiance en soi, des troubles de l'attention et de la concentration, et en entraînant l'évitement des problèmes complexes. Ces élèves peuvent développer une mauvaise image d'eux-mêmes, avoir des difficultés à se concentrer en classe, et leurs performances peuvent diminuer même s'ils sont par ailleurs doués. La peur des maths conduit à une faible estime de soi et à une démotivation qui nuisent à l'apprentissage. Le stress lié aux mathématiques peut entraîner des difficultés d'attention et de concentration, rendant l'élève moins à même de suivre en classe. Les élèves anxieux ont tendance à éviter les exercices les plus difficiles, ce qui les empêche de développer leurs compétences et renforce leur anxiété. En évitant les difficultés, les élèves sont moins préparés pour les examens, ce qui se répercute négativement sur leurs notes. L'élève peut intérioriser l'idée qu'il n'est « nul », ce qui affecte son image de soi et ses choix d'orientation futurs. Cette anxiété peut mener à l'irritabilité, à un repli sur soi ou à des comportements perturbateurs, rendant les relations sociales et l'intégration difficile.

L'anxiété des parents face aux maths peut avoir un impact négatif sur les résultats de leurs enfants, car l'anxiété parentale peut influencer négativement l'apprentissage de l'enfant. Cela pourrait jouer sur la santé physique. Le stress chronique peut affaiblir le système immunitaire et favoriser l'apparition de troubles physiques comme l'asthme, l'eczéma ou des troubles digestifs. Ces problèmes de santé peuvent entraîner des absences répétées, ce qui aggrave encore les difficultés scolaires.

- *Témoignages et réalités vécues par les élèves*

L'entrée en matière est l'acte préliminaire à la leçon. Les cours seront bons ou mauvais ou dégoûtants selon que cette étape aura été bien ou mal négociée. Dans le cadre de notre enquête nous avons assisté à un cours de mathématiques dans une classe de première A et un cours de mathématiques en seconde C. Dans les deux classes les professeurs en franchissant déjà les portes des classes ont affiche un sourire rassurant rempli d'affection, de joie et de plaisir de revoir à la fois des semblables et des élèves. Le professeur de maths s'est adressé à ses élèves en ses termes " *Bonjour les enfants, comment allez-vous ? Je remarque quelques visages tristes ce matin. Ne vous inquiétez pas, quoiqu'il arrive, sachez que vous avez mon soutien, vous êtes très intelligents. Vous allez réussir, je crois en vous.* " Ces propos de l'enseignant ont suscité le soulagement et la motivation.

Par contre, l'entrée en matière est souvent souvent ratée par certains enseignants qui créent davantage de stress chez les apprenants. L'un des élèves de terminale dit ceci " *Chaque fois que notre professeur de S VT fait son entrée en classe, il nous salue jamais. Il fait rappeler qu'il est le seul maitre à bord, le seul coq de la basse-cour et le meilleur enseignant de l'établissement. Selon lui, la discipline qu'il enseigne est difficile à comprendre. Mais si les jeunes aujourd'hui échouent en masse au baccalauréat chaque année, c'est parce qu'ils sont beaucoup stupides. De tels propos avant d'entamer une leçon, nous choquent et nous révoltent. Dès lors on ne trouve plus aucun intérêt à suivre ses cours. Quoique cette discipline soit l'une des plus importantes matières, plusieurs élèves de notre classe n'y accordent plus la moindre importance.*

L'une des remarques les plus pertinentes que nous avons faites lors de notre enquêtes concerne l'attitude des enseignants qui, sachant que les élèves sont issus de couches sociales différentes, leur font bénéficier d'un traitement équitable. Ces dispensateurs du savoir sont à la fois des leaders et des parents pour tous les élèves. Ce fut le cas d'un professeur de sciences physiques dans une classe de 4$^e$. En effet, le cas lui, des bonus sont faits aussi bien aux élèves des réponses correctes, demandent des explications supplémentaires. Autrement dit, ces bonus encouragent fortement les élèves qui finissent par s'inscrire de façon inconsciente dans une logique de recherche de l'excellente. Ce même enseignant met l'accent sur le travail de groupe et circule dans les allées de la classe pour mieux orienter les élèves dans leurs activités. De temps à autres, il invite ses élèves à la de la confiance en soi. De même, il recommande aux retardataires d'entrer sans frapper à la porte de crainte de déconcentrer les autres. Une telle atmosphère marquée par la prise en compte de l'affectivité ne peut qu'agrémenter et faciliter l'apprentissage " *Notre professeur nous comprend, il nous aime, nous connaît et réussit à nous transmettre le savoir, souvent même à travers des jeux*", disent certains élèves.

Il ressort de nos analyses que des enseignants exercent leur profession sans engouement et sans le plaisir d'enseigner. Cette catégorie d'enseignants donnent des cours sans amour ni pour la matière ni pour les élèves. Le professeur a pour mission d'opérer en faisant en sorte que les élèves aiment la matière ainsi que la disponibilité pour apprendre. Ainsi, dans une classe de terminale A nous avons été choqué de voir un professeur de mathématiques incapable de répondre aux questions de ses élèves en des termes plus simples. Son pédantisme et son orgueil sont de véritables problèmes pour ses élèves qui semblaient ne plus être vraiment intéressés par le cours.

Le professeur doit faire preuve d'ingéniosité pour rendre ses explications les plus concrètes possible et adaptent leur enseignements et non d'une espèce de principe d'efficacité. *"Nous nous souvenons d'un professeur de mathématiques en 6e qui n'interroge que nos camarades qui comprennent déjà ses cours. Lorsqu'un élève n'arrive à lui fournir la réponse qu'il attend, il n'hésite pas l'humilier par des injures, et cela est accompagné de coups qu'il donne et de gifles a la tête. Nous sommes des enfants et nous avons d'enseignants qui aiment et nous comprennent. "*

Selon les témoignages des enseignants et ceux des apprenants, avant tous contrôles continus les professeurs informent leurs élèves tout en précisant les leçons sur lesquelles les évaluations devront porter. Cette stratégie permet aux élèves d'aborder les contrôles continus avec assurance. De même, les devoirs se déroulent sans stress apparent chez les élèves puisque l'atmosphère de confiance déjà créée leur évite toute tentative de tricherie. Au niveau de la communication des notes, le professeur appelle chaque élève, le félicite ou l'encourage à se surpasser. Mieux, l'enseignant se garde de proférer toute parole pouvant offusquer ses élèves. Le professeur prend plaisir à travailler avec ses élèves. Il s'est fait accepter par la classe. Les notes également sont un moyen de gratifier les efforts des élèves même si parfois elles donnent lieu à des reproches non dissimulés, quoi que plus modérés que dans d'autres classes. Le professeur est d'ailleurs très attentif aux réactions élèves vis-à-vis de leurs notes.

Par contre, les contrôles sont vus comme les punitions par certains professeurs. De même, les feuilles de ces contrôles ne sont pas données à temps pour que les apprenants prennent conscience de leur erreur. Quand les feuilles sont rendues, l'on assiste à une humiliation publique des élèves n'ayant pas obtenu de bonnes notes. A ce sujet, une fille de seconde C nous a confiée " *Un fois j'ai obtenu la note de 3 sur 20 en* mathématiques. *Cela a suffi pour que le professeur me traite de vaurien dont les parents n'ont pas voulu. Sinon, ils auraient toutes dispositions pour que je sois plus intelligente. Mais pourquoi le professeur ne m'a-t-il pas encouragée? J'avoue que je lui en veux jusqu'aujourd'hui. D'ailleurs, sa matière ne me dit plus rien. L'an prochain, je m'inscrirai en première A.*

# Chapitre 2 — *Les déterminants de l'anxiété mathématique*

- Facteurs cognitifs et émotionnels
- Facteurs sociaux, familiaux et culturels
- Les spécificités de l'adolescence (10-18 ans)

*Facteurs cognitifs et émotionnels*

Pour Servant (2003), les manifestations de l'anxiété les plus fréquentes chez l'adolescent sont le manque de confiance en soi par rapport à la réussite, la peur de tout rater, la peur de ne pas être à la hauteur, etc. Les pensées anxieuses portent donc nécessairement en partie sur le travail scolaire et la réussite. En plus de l'anxiété mathématique, un concept revient souvent dans les écrits et il s'agit de la peur des maths. Selon La fortune et Massé (2002), «la peur des mathématiques est un état affectif caractérisé par des sentiments d'aversion et de panique à l'égard de cette discipline». Elles considèrent que la peur des mathématiques a des conséquences au niveau du choix de carrière et qu'elle cause de la désorganisation mentale, de l'évitement, des trous de mémoire et des pertes de contrôle. Ashcraft et Moore (2009) ajoutent que l'anxiété mathématique découle beaucoup de l'anxiété par rapport aux évaluations.

L'anxiété due aux mathématiques est causée par les idées que l'on entretient par rapport à cette matière, soit à nos croyances. L'anxiété comme un «état affectif caractérisé par un sentiment d'inquiétude, d'insécurité et de troubles physiques diffus vis-à-vis d'un danger indéterminé dans lequel on se sent impuissant» (Lafortune ,1992). Ensuite à l'inquiétude cela va être corsé par la migraine de ceux étant au lycée. Par la suite c'est une perte de confiance en soi et une désorganisation mentale qui va s'installe d'où la frustration dans laquelle l'apprenant. Les attitudes face à la mathématique se forment dès l'enfance et tendent à se détériorer quand l'étude de cette discipline touche à concepts plus abstraits. Ainsi, l'élève qui connaît des insuccès répétés en vient à développer une attitude négative envers la mathématique et il adopte un comportement d'évitement face aux tâches mathématiques. L'inquiétude et la perte de confiance ils vont être frappes de trou de mémoire la panique qui se termine par la frustration.

La peur, le regret dans l'émotion se substituent complètement à la raison. C'est la raison pour laquelle notre étude souligne que les adolescents sont capables de ressentir du regret en contexte individuel, mais semblent minimiser ou ressentir moins fortement ce sentiment en contexte social. Sachant que l'anticipation de cette émotion joue un rôle crucial dans l'évitement (ou l'inhibition) des conduites de prise de risque (Caffray & Schneider, 2000; Houdé, 2000), il semble judicieux de prendre en compte ce sentiment lors des campagnes d'éducation et de prévention. Ces résultats développementaux sont en accord avec l'idée selon laquelle la prise de risque devrait diminuer à mesure que les capacités cognitives des enfants et des adolescents augmentent. Ils contrastent pourtant avec les nombreuses études mettant en évidence une augmentation des comportements à risque entre l'enfance et l'adolescence. Ainsi, la trajectoire en apparence strictement linéaire du développement cognitif ne permet pas de rendre compte pleinement des comportements de prise de risque à l'adolescence (Albert & Steinberg, 2011; Boyer, 2006; Casey et al., 2008; Reyna & Farley, 2006; Steinberg, 2008). L'enjeu est alors de parvenir à expliquer la diminution de la prise de risque entre l'adolescence et l'âge adulte mais également de comprendre les mécanismes qui conduisent à son augmentation de l'enfance à l'adolescence (Albert & Steinberg, 2011; Casey et al., 2008; Reyna & Farley, 2006; Steinberg, 2008).

## Facteurs sociaux, familiaux et culturels

Les facteurs sociaux, familiaux et culturels de l'anxiété mathématique incluent l'influence des parents (stress, perception négative), les stéréotypes culturels (de genre, de "naturellement doué"), les expériences négatives (échecs répétés, mauvaises notes, sentiment d'incompétence) et la qualité de l'enseignement (méthodes trop abstraites, manque de soutien). Ces facteurs créent un cercle vicieux où l'anxiété paralyse l'apprentissage et nuit à la confiance en soi. Les parents anxieux face aux mathématiques peuvent transmettre leur stress à leurs enfants, influençant négativement leur propre apprentissage, même si l'enfant ne développe pas forcément la même anxiété. Les commentaires négatifs, les comparaisons entre frères et sœurs ou les remarques dévalorisantes sur leurs compétences peuvent ancrer chez l'enfant le sentiment qu'il est "nul" en maths.

Un manque d'intérêt ou un manque de valorisation des efforts peut renforcer l'idée que les mathématiques sont difficiles et que l'enfant n'y parviendra pas. Les stéréotypes de genre ("les filles ne sont pas bonnes en maths") ou l'idée que certaines personnes sont "naturellement douées" contribuent à l'anxiété, en particulier chez les filles, selon des études. La peur de l'échec et la pression liée aux mauvaises notes peuvent entraîner un blocage mental qui paralyse la pensée, même quand l'enfant connaît la réponse. Cette anxiété peut mener à l'irritabilité, à un repli sur soi ou à des comportements perturbateurs, rendant les relations sociales et l'intégration difficile. L'anxiété des parents face aux maths peut avoir un impact négatif sur les résultats de leurs enfants, car l'anxiété parentale peut influencer négativement l'apprentissage de l'enfant. Le stress chronique peut affaiblir le système immunitaire et favoriser l'apparition de troubles physiques comme l'asthme, l'eczéma ou des troubles digestifs. Ces problèmes de santé peuvent entraîner des absences répétées, ce qui aggrave encore les difficultés scolaires.

Les mathématiques peuvent sembler inaccessibles à certains élèves, qui se sentent exclus des possibilités de réussite, alimentant ainsi la frustration et la peur. Des méthodes trop rapides, trop abstraites ou inadaptées peuvent rendre les concepts difficiles à assimiler et engendrer un sentiment de dépassement. Un manque de confiance envers l'enseignant ou un environnement où les erreurs ne sont pas valorisées peut augmenter l'anxiété. Au contraire, un cadre de confiance et de bienveillance est essentiel pour que l'élève se sente en sécurité pour prendre des risques et faire des erreurs.

- *Les spécificités de l'adolescence (10-18 ans)*

L'anxiété mathématique chez l'adolescent se caractérise par une peur et une tension face aux mathématiques, souvent liées à une mauvaise estime de soi, des expériences négatives passées et la qualité de l'enseignement. Cela se manifeste par des symptômes physiques comme la transpiration ou un rythme cardiaque élevé, et psychologiques comme la difficulté à se concentrer et l'évitement de la matière, créant un cercle vicieux de mauvaises performances. Les spécificités de l'anxiété mathématique chez l'adolescent ont des manifestations physiques et psychologiques se traduisant par des symptômes physiques tels que le rythme cardiaque élevé, la transpiration, l'estomac noué, les tremblements, voire des crises de larmes.

A ceux-là, vont s'ajouter les symptômes psychologiques tels que les difficulté à se concentrer, le sentiment d'impuissance, la peur de se tromper, la peur du ridicule, et un désir de fuir la situation. Des échecs répétés et des remarques négatives peuvent amener l'adolescent à associer les maths à un sentiment d'incompétence. Un faible sentiment de confiance en soi est un facteur prédictif important de l'anxiété face aux mathématiques. Des méthodes pédagogiques perçues comme inadaptées ou une pression excessive peuvent contribuer à l'anxiété. L'anxiété mathématique d'un parent peut influencer négativement celle de son enfant. L'anxiété peut entraîner des blocages et de mauvaises performances, qui à leur tour renforcent l'anxiété. L'adolescent peut éviter les devoirs et les cours de mathématiques, ce qui limite les opportunités de pratiquer et de progresser. L'anxiété peut impacter les capacités de mémoire de travail, rendant les calculs plus difficiles.

*Quelles sont pour eux les causes c'est-à-dire les déterminants d'anxiété ? Qu'est-ce qui, en ce qui concerne les apprenants, sont sujets a de l'anxiété provoquée par les mathématiques ? Ont-ils peur des mathématiques? La peur des mathématiques est-elle la cause de la désorganisation mentale, de l'aversion et de panique? Quels sont les élément s constitutifs des structures cognitives élaborées à propos de l'anxiété* ? La recherche des points d'ancrage pour une meilleure définition des causes ou déterminants de l'anxiété nous amènera à identifier et analyser les déterminants de l'anxiété en lien les apprentissages en mathématiques tout en conduisant l'étude sous l'éclairage des représentations sociales, notamment la théorie du noyau central.

Notre problème est que les contre-performances des apprenants lors des évaluations pourraient être attribuables à des comportements, des perceptions et surtout à des émotions due aux mathématiques.

Le capital émotionnel des apprenants rencontre des difficultés liées entre autres, à l'anxiété, à un manque de confiance en soi, à un stress vient perturber la santé et les performances académiques et professionnelles de ce dernier. L'élève est une personne unique, on ne peut isoler le raisonnement intellectuel de son contexte affectif, émotionnel et conatif. Perrudeau (2004) insiste sur l'aspect affectif et son importance dans les apprentissages, où, dit-il, la dimension affective est exacerbée.

L'adolescent lorsqu'il prend des décisions ce n'est pas en termes de théories de la décision qu'il les prend, théories cognitive et logico-mathématiques (Houdé. 1995; Piaget & Inhelder, 1996). Mais, il les aborde comme pensées émotives. Les émotions au processus de prise de décision parce que c'est un enjeu pour la psychologie (Stanovich et al., 2011) et surtout vis-à-vis de l'apprentissage (Houdé et al., 2000). Quels sont les effets des émotions sur le processus décisionnel? Les émotions rendent prioritaires la pensée en orientant l'attention vers des informations. Damasio (1994) a alors émis l'hypothèse que les émotions jouaient un rôle dans la prise de décision. Damasio écrit *l'Erreur de Descartes* dont la thèse principale est que « le système de raisonnement a évolué car il est une extension du système émotionnel *automatique, l'émotion jouant des rôles divers dans le processus de raisonnement.* » Les émotions sont suffisamment claires et disponibles de telle sorte qu'elles peuvent être générées comme aide au jugement et à la mémoire concernant les sentiments. Les changements d'humeur modifient la perspective individuelle : de l'optimisme au pessimisme, encourageant la considération de multiples points de vue dans la planification des actions. Les états émotionnels encouragent de façon différentielle, l'approche de problèmes spécifiques (Mayer et Salovey. 1997).

# Chapitre 3 — *Une lecture par les représentations sociales*

- ï   Introduction à la théorie du noyau central
- ï   Comment les représentations collectives influencent la perception des maths
- ï   Application au cas de l'anxiété scolaire
- ï   Introduction à la théorie du noyau central

les travaux de (Moscovici, 1961), il est établi que les relations des individus au monde extérieur sont médiatisées par les représentations sociales. C'est pourquoi, notre travail s'inscrit dans la problématique théorique des représentations sociales. Et notamment, la théorie du noyau central (Abric, 1987,1994, 2003).

Réactualiser par Moscovici(1976) la représentation sociale entre la psychologie cognitive et la psychologie sociale. C'est un point de rencontre car le dit Jodelet(1984) " toute représentation sociale est représentation de quelque chose de l'idéal, ni la partie subjective de l'objet, ni la partie objective du sujet. Elle est le processus par lequel s'établit leur relation". Pour Herzlich(1972) la représentation sociale est comme" une construction mentale de l'objet, conçu comme non séparable de l'activité symbolique d'un sujet, elle-même solidaire de son insertion dans le champ social". Il poursuit pour dire que "la représentation sociale est tout àla fois processus et produit d'une construction au sujet et objet sont présents, sans coupure entre le monde extérieur et l'univers intérieur de la personne D'après Moscovici (1984) on doit considérer les représentations sociales comme un "milieu" se rapportant à l'individu et au groupe, et spécifiques de la société et des groups qui les engendre. L'habillage» social de l'objet correspond à une hiérarchie des valeurs qui différencie les groupes.

«...chaque groupe choisit de reconstruire la réalité sociale sous une forme compatible avec ses valeurs et ses intérêts» (Moliner, 2001). Mais quelles sont les raisons qui amènent tout individu ou tout un groupe à les produire?

Il s'agit d'une démarche de connaissance basée un court compte rendu des procédés de la construction des représentations sociales. Ces mécanismes, que Moscovici a bien expliqués par l'ancrage et l'objectivation.

L'ancrage c'est le processus qui rend familier et habituel ce qui ne l'est pas, grâce à la prise en compte de ce qui est nouveau (ou troublant) à l'intérieur des catégories dont dispose l'individu au moyen d'une confrontation entre l'information à son entrée et une catégorie jugée la plus juste par rapport à l'information.

A la suite de la théorie des représentations sociales telle que Moscovici l'a proposée, des nombreuses vérifications ont été effectuées ces dernières années, par des chercheurs qui ont utilisé les outils les plus raffinée à leur disposition. Un corpus de connaissances remarquable s'est produit et il a eu le mérite de confirmer la théorie et il a alimenté le débat critique en proposant de nouvelles hypothèses et, donc, de nouvelles recherches. Il est impossible de faire un compte rendu exhaustif, mais en tout état de cause il vaut la peine de rappeler brièvement au moins les recherches qu'on pourrait définir classiques et celles qui ont essayé de saisir la production d'une représentation sociale face à des événements tout à fait nouveaux et inattendus.

La théorie des représentations sociales en tant que théorie de la connaissance du sens commun peut nous aider à appréhender les croyances, les opinions, les attitudes, développées par les sujets à propos des échecs massifs de ces dernières années aux examens et concours de fins d'années. Quelles sont pour eux les causes c'est-à-dire les déterminants de anxiété? Quels sont les éléments constitutifs des structures cognitives élaborées à propos de l'anxiété. La recherche des points d'ancrage pour une meilleure définition des causes ou déterminants de l'anxiété échecs aux examens de fins d'années constitue un problème entier relativement à la manière dont les acteurs sociaux impliqués objectivement dans le système et les partenaires s'approprient, pensent et évoquent éventuellement ce concept comme une dimension de leur rapport au monde à travers leur vécu quotidien, les normes, les valeurs, les attentes. Autrement dit, il s'agit de conduire l'étude sous l'éclairage des représentations sociales, notamment la théorie du noyau central. D'où cela représente un enjeu lors de l'apprentissage des mathématiques au niveau des apprenants. Qu'est-ce qui, en ce qui concerne les apprenants de l'établissement JEAN PIAGET, sont sujets de l'anxiété provoquée par les mathématiques? Ont-ils peur des mathématiques de telle sorte qu'ils procèdent à des stratégies de l'évitement ? La peur des mathématiques est-elle la cause de la désorganisation mentale, de l'aversion et de panique ?

- Comment les représentations collectives influencent la perception des maths

Nous avons parlé de différents niveaux d'anxiété, de l'existence d'une anxiété « facilitatrice » qui créerait la tension nécessaire à promouvoir l'effort pour bien réaliser une tâche mais insuffisante pour l'inhiber. Cependant quand nous nous référons à l'anxiété dans la salle de classe, c'est de l'anxiété « inhibitrice » qu'il est question. Voici quelques suggestions pour cela lorsque nous avons fait un large tour d'horizon lors d'un pré-test concernant l'anxiété que nous avons regroupé:

| 1)Inquiétude | 7) Pertes de contrôle | 12)Perte de confiance en soi |
|---|---|---|
| 2)Panique | 8)Migraines | 13)Frustration |
| 3)Angoisse | 9)Manque de motivation | 14)Désintérêt |
| 4)Perte des moyens | 10)Envie d'uriner | 15)Repli sur soi |
| 5)Désorganisation Mentale | 11)Maux de ventre | 16)Mépris |
| 6)Trous de mémoire | | |

- Application au cas de l'anxiété scolaire

Le champ représentationnel se structure particulièrement autour de : **Inquiétude, Migraine, Perte de confiance, désorganisation mentale et Frustrations.** Ce sont les éléments qui dans cette structure ont les plus connexes avec les autres éléments. Plusieurs éléments sont placés en satellite autour de l'item centrale prioritaire : **Inquiétude** et entretiennent avec lui des relations de similitudes plus ou moins importantes. Ainsi on a, **Inquiétude** créant de la **Migraine (57.64%), Perte de confiance (44.44%), désorganisation mentale (39.58%), Frustrations (28.47%).** Ce sont donc les principes fondamentaux autour desquels se constitue l'anxieté due aux mathématiques.

# Chapitre 4 — *Méthodologie et résultats de l'étude*

- Présentation du questionnaire et de l'échantillon
- Analyse des similitudes et interprétation des données
- Facteurs clés identifiés dans l'émergence de l'anxiété
- Présentation du questionnaire et de l'échantillon

Le matériel d'enquête est essentiellement constitué d'un questionnaire de caractérisation. Ce questionnaire est composé de vingt items qui ont été conçus à partir d'une première approche. Sur cette base, à partir des réponses à un questionnaire d'évocation, nous avons retenu les items les plus fréquents et les plus pertinents sur cette base nous avons constitué une liste définitive de douze items. Ces items ont alors été présentés aux sujets dans un ordre aléatoire en leur demandant de choisir cinq items. En effet, il s'agissait pour eux, de procéder
à un repérage des 5 items les plus importants ou les plus pertinents par rapport à leurs propres conceptions des conditions de travail.

## 1. *Traitement des données*

Pour étudier la structure des représentations sociales construites par les enseignants et prouver la valeur de vérité de nos hypothèses qui ont été énoncées, nous avons procédé à une analyse de similitude. Les données ont été traitées par le logiciel informatique Evoc 2005 et Simi 2003.

Introduite Flament (1981), la méthode d'analyse de similitude part du principe que, par nature, les représentations sociales se présentent sous forme de structure d'implication entre éléments cognitifs et constitutifs. Par exemple, si deux items A et B entretiennent une relation R, on peut considérer qu'ils sont plus ou moins fortement associés dans la représentation sociale que dans leurs relations aux autres les plus proches mais aussi par opposition avec les plus lointains.

On peut donc considérer que l'intensité de la relation de similitude entre deux items sera d'autant plus forte dans la relation qu'elle apparaîtra chez un plus grand nombre de sujets. C'est pourquoi Flament suggère donc d'associer à chaque paire d'éléments une valeur numérique calculée à partir de la proportion de leur cooccurrence. En d'autres termes, il s'agit de traiter chaque paire d'éléments en évaluant la proportion des sujets qui ont associé les éléments de la paire considérée (qui les ont rangés dans le même tas). La valeur ainsi obtenue est appelée indice de similitude.

L'analyse de similitude appliquée à l'étude des représentations sociales peut être décomposée en plusieurs étapes successives. La première étape consiste à la recherche des éléments susceptibles d'entrer dans le champ de la représentation sociale. Cette étape permet de faire l'inventaire des items supposés significatifs de la représentation sociale étudiée. La deuxième étape a pour objectif de recueillir les données de telle sorte que l'on puisse faire apparaître les relations « fortes » entre les items. L'arbre permettra de visualiser l'ossature principale de la structure qui relie les éléments de la représentation sociale entre eux. Il permet également de repérer les lignes de force et le regroupement sémantique des items. Dans notre cas ici, l'analyse de similitude a pour objectif essentiel de mettre en évidence le type d'organisation des cognitions relatives à l'apprentissage lié aux mathématiques.

*2. Echantillon*

Cette recherche a porté sur 218 sujets, dont 118 élèves de sexe féminin et 100 élèves de sexe masculin et 114 élèves au second cycle et 104 élèves au premier cycle. Les sujets auxquels le questionnaire a été administré provenaient de l'établissement Jean Piaget de la commune de Cocody. Les élèves ont un âge qui varie de 10 à18 ans.

Quelle la procédure d'enquête ? Les sujets enquêtés durant cette étude ont reçu le questionnaire en situation de groupe. Après avoir donné des consignes, le questionnaire a été administré collectivement en notre présence.

Quels sont, à votre avis, les 5 facteurs les plus importants découlant de l'anxiété et qui ont une incidence sur les apprentissages A l'issu des items du questionnaire de caractérisation ? Nous avons obtenu les résultats suivants :

1.Inquiétude 2. Panique 3. Angoisse 4. Perte des moyens 5. Désorganisation mentale 6. Trou de mémoire 7. Pertes de contrôle 8. Migraines 9. Manque de motivation 10. Envie d'uriner 11. Frustration 12. Désintérêt.

ï   Analyse des similitudes et interprétation des données

# RESULTATS

## 1. Tableau regroupant la taxinomie des items

| Items | Moyenne | Fréquences en % selon les codes 1-2-3 (ou le nombre d'échelons) | | |
|---|---|---|---|---|
| | | 1 | 2 | 3 |
| 02. Panique | 1.41 | 75.7 | 7.8 | 16.5 |
| 10. Perte confiance en soi | 1.58 | 63.8 | 14.2 | 22.0 |
| 01. Inquiétude | 1.86 | 46.8 | 20.2 | 33.0 |
| 05. Trous de mémoire | 1.89 | 45.4 | 19.7 | 34.9 |
| 03. Angoisse | 2.03 | 41.3 | 14.2 | 44.5 |
| 07. Manque de motivation | 2.05 | 33.5 | 28.0 | 38.5 |
| 04. Perte des Moyens | 2.14 | 29.8 | 26.6 | 43.6 |
| 11. Frustration | 2.14 | 20.3 | 45.6 | 34.1 |
| 09. Maux de tête | 2.20 | 11.1 | 57.6 | 31.3 |
| 12. Désintérêt | 2.22 | 9.6 | 59.2 | 31.2 |
| 08. Envie d'uriner | 2.23 | 7.4 | 62.2 | 30.4* |
| 06. Migraines | 2.30 | 13.8 | 42.2 | 44.0 |

***Tableau 1** –Taxinomie des items*

*2. Analyse des similitudes chez l'ensemble des 218 sujets*

Le graphe de similitude nous a permis de découvrir trois (03) champs sémantiques relatifs aux déterminants anxiogènes liés aux mathématiques.

Le premier nous présente des liaisons entre les items « trous de mémoire » (.05), « envie d'uriner » (.01) « migraines », et, « trous mémoire » (05) « panique » (5).

Le deuxième champ sémantique est organisé autour des items « frustration » (11) « angoisse » (02), et « frustration » (11) « désintérêt » (5).

Le troisième champ sémantique est structuré autour des items « perte confiance en soi » (12) « manque de motivation ».

Nous remarquons que le champ sémantique (01), avec l'item (05) « trous de mémoire » a le plus grand nombre de liaisons avec l'indice de connexité le plus élevé (5) avec les items (envie d'uriner) et (panique). Nous dirons que cet item est le plus caractéristique, mais ne constitue pas le noyau central de cette représentation sociale chez l'ensemble des sujets sous étude.

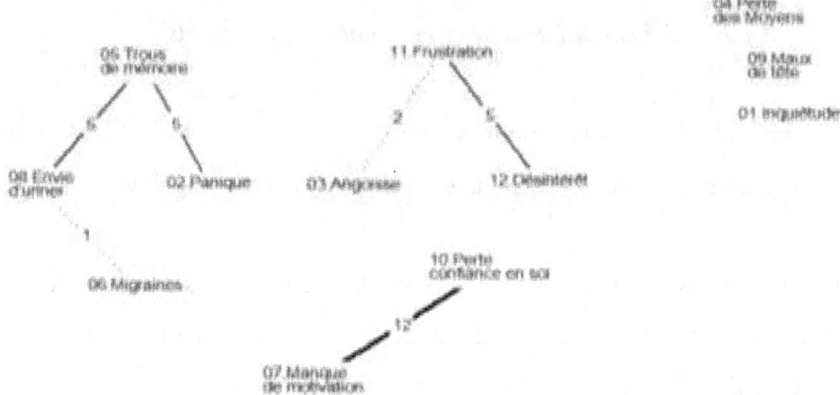

**Figure 1** - *Graphe de similitude au seuil 1 associé à la caractérisation des déterminants de l'anxiété chez l'ensemble de la population sous étude.*

*3. Analyse des similitudes chez l'ensemble des 100 sujets –garçons*

Le graphe-seuil révèle de fortes liaisons entre des items représentationnels.
Le graphe nous présente des liens organisés autour de trois items :
- Des liens autour de l'item « intérêt » cet item a le plus grand nombre de connexions (05), et des indices de liaisons assez élevés entre les items « perte confiance » (8) et « manque de motivation » (8).

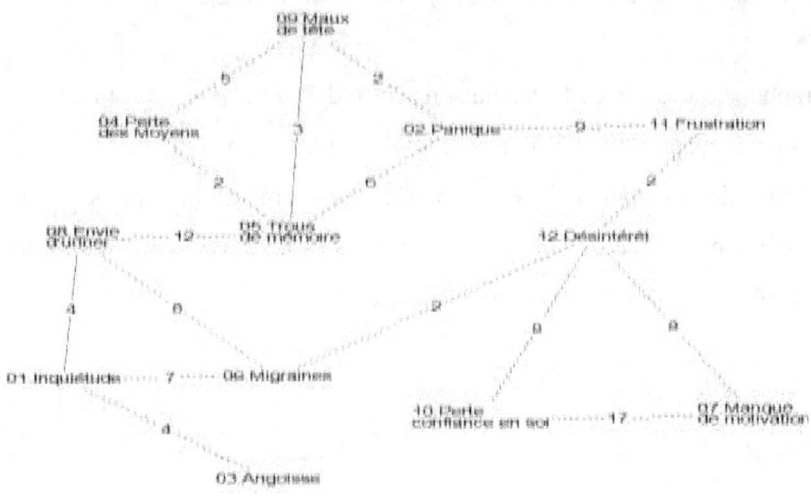

***Figure 2*** - *Graphe de similitude au seuil 2 associé à la caractérisation les déterminants de l'anxiété chez les garçons*

Le graphe-seuil révèle de fortes liaisons entre des items représentationnels. Le graphe nous présente des liens organisés autour de trois items :

- Des liens autour de l'item « intérêt » cet item a le plus grand nombre de connexions (05), et des indices de liaisons assez élevés entre les items « perte confiance » (8) et « manque de motivation » (8).

- Le deuxième axe est celui des liaisons entre les items « trous de mémoire » (12)
« envie d'uriner », « trous de mémoire » (5) « panique », « trous de mémoire » (3) « maux de tête », « trous de mémoire » (2) « perte des moyens ».

- Le troisième axe est celui qui organise des liens entre l'item « envie d'uriner » (4)
« inquiétude », « envie d'uriner » (.8) « migraine ».

Deux items nous apparaissent centraux sur ce graphe :

L'item « désintérêt » et « trous de mémoire ». Ces deux items ont le plus grand nombre de connexité et les indices de lisons les plus forts.

4. *Analyse des similitudes chez l'ensemble des 118 sujets –filles*

Le graphe de similitude des représentations sociales des déterminants anxiogènes liés aux mathématiques chez les élèves les filles fait apparaitre une organisation autour de l'item
« angoisse ». Cet item a le plus de liaisons (3) et un indice de liaison élevé entre cet item (03) (.14) et (02) « panique ». Il apparait comme élément central de la représentation sociale des déterminants anxiogènes liés aux mathématiques.

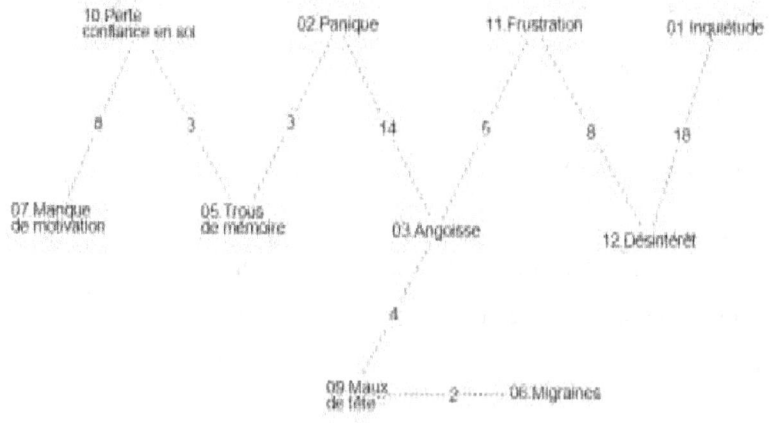

***Figure 3*** *- Graphe de similitude au seuil 2 associé à la caractérisation les déterminants de l'anxiété chez les*
*Filles*

5. *Analyse des similitudes chez l'ensemble des 104 sujets au premier cycle*

Le graphe de similitude nous a permis de visualiser les liens entre les items de la représentation sociale des déterminants anxiogènes liés aux mathématiques.

L'analyse de ce graphe de similitude révèle que deux items par leur connexité émergent comme éléments centraux de cette représentation sociale.

- Un pôle organisé autour de l'item (08) « envie d'uriner » avec trois liaisons et l'indice de

liaison élevé (11) avec (05) « trous de mémoire ».

- Un autre pôle organisé autour de l'item (12) « Désintérêt ». Cet item a un indice de liaison élevé avec l'item (.7) « perte confiance ».

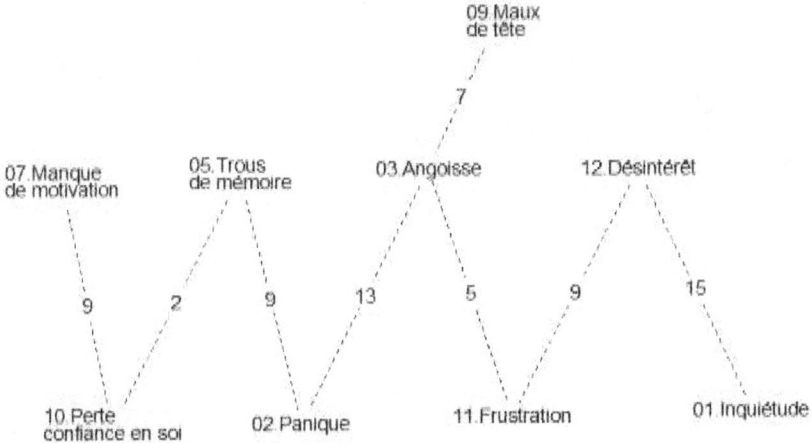

***Figure 4*** - *Graphe de similitude au seuil 2 associé à la caractérisation les déterminants de l'anxiété chez les élèves du premier cycle*

## 6. Analyse des similitudes chez l'ensemble des 114 sujets au second cycle

L'examen du graphe de similitude des représentations sociales des déterminants anxiogènes liés aux mathématiques chez l'ensemble de la population sous étude fait apparaitre une organisation autour de l'item (03) « angoisse ». Cet item a le nombre de liaisons le plus élevé (3) et un indice de liaison élevé avec l'item (5) « frustration ».

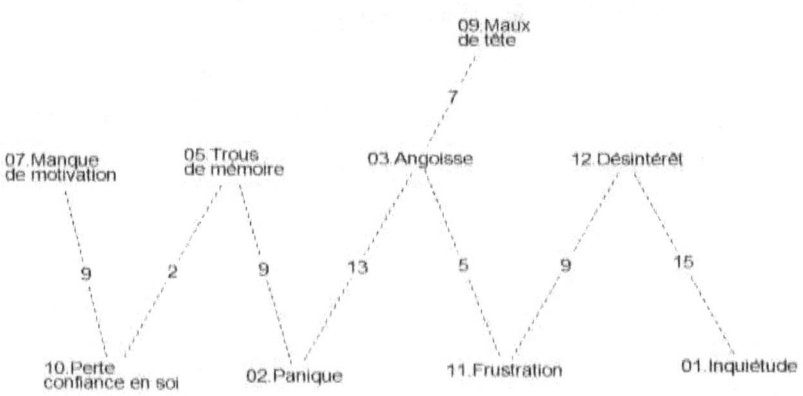

*Figure 5* - *Graphe de similitude au seuil 1 associé à la caractérisation les déterminants de l'anxiété chez les élèves du second cycle*

ï  Facteurs clés identifiés dans l'émergence de l'anxiété

Les causes principales de l'anxiété due aux mathématiques sont par ordre d'importance : **Migraine (59.52%), Inquiétude (52.38%), Perte-confiance (40.48%), Trou-mémoire (30.95%), Panique(28.57%).**

*Tableau regroupant la taxinomie des items*

| Items | Moyenne | Fréquences en % selon les codes 1-2- | | |
|---|---|---|---|---|
| | | 1 | 2 | 3 |
| 03. Angoisse | 2.03 | 41.3 | 14.2 | 44.5 |
| 07. Manque de | 2.05 | 33.5 | 28.0 | 38.5 |
| 04. Perte des Moyens | 2.14 | 29.8 | 26.6 | 43.6 |
| 11. Frustration | 2.14 | 20.3 | 45.6 | 34.1 |
| 09. Maux de tête | 2.20 | 11.1 | 57.6 | 31.3 |
| 12. Désintérêt | 2.22 | 9.6 | 59.2 | 31.2 |
| 08. Envie d'uriner | 2.23 | 7.4 | 62.2 | 30.4* |
| 06. Migraines | 2.30 | 13.8 | 42.2 | 44.0 |

*Tableau 1 – Taxinomie des items*

La présente étude avait pour objectif de connaitre et d'analyser les représentation s sociales construites par les élèves à l'égard des déterminants de l'anxiété, enjeu d'apprentissage face aux difficultés en mathématiques chez les élèves. Et pour ce faire, il fallait déterminer les représentations sociales des élèves et comparer les représentations sociales de ces sous populations. Les hypothèses ont porté sur l'influence du statut d'élève sur les représentations sociales des déterminants de l'anxiété dues aux mathématiques. L'analyse structurale des représentations sociales construites par cette population avait pour but de dégager les éléments fédérateurs des constructions cognitives et de voir si en définitive, la population concernée partage les mêmes principes organisateurs dans la construction de ces représentations sociales.

Tableau 1 : Taxinomie des seize (16) premiers items selon leur fréquence de choix pour l'ensemble des sujets

| Rang | ITEMS | FREQUENCES | POURCENTAGES |
|---|---|---|---|
| 1 | Peur | 144 | 55.81% |
| 2 | Déception | 60 | 23.25% |
| 3 | Satisfaction | 31 | 12.01% |
| 4 | Soulagement | 39 | 1512% |
| 5 | Regret | 91 | 35.27% |
| 6 | Tachicardie | 61 | 23.64% |
| 7 | Cœur-normal | 13 | 05.04% |
| 8 | Stress | 138 | 53.49% |
| 9 | Anxiété | 27 | 10.46% |
| 10 | Humeur-positive | 29 | 11.24% |
| 11 | Humeur-negative | 34 | 13.18% |
| 12 | Inquiétude | 99 | 38.37% |
| 13 | Angoisse | 69 | 26.74% |
| 14 | Perte-moyens | 23 | 08.91% |
| 15 | Perte-confiance | 40 | 15.50% |
| 16 | Frustration | 30 | 11.63% |
| 17 | Repli-sur-soi | 16 | 06.20% |
| 18 | Mépris-soi | 6 | 02.33% |

Le graphe de similitude (cf. fig1), montre que les éléments les plus connexes, donc supposés centraux dans la représentation sociale de l'ensemble de la population sont : la peur (55.81%) est considérée comme l'élément primordial intervenant dans la probabilité de prise de décision. Ensuite viennent le stress (53.49%), l'inquiétude (38.37%), l'angoisse (26.74%) et le regret à (35.27%).

Ce sont ces éléments qui ont plus de relations avec les autres cognitions du champ représentationnel. Cette puissance associative est une des propriétés fondamentales des éléments centraux d'une représentation, elle est inhérente à leur fonction génératrice de sens. Par ailleurs, on remarque que l'item la peur est l'élément est l'élément central prioritaire (Rateau, 1995 ; Moliner, 1998 ; Flament, 1994). Cependant, on remarque que l'essentiel du champ représentationnel est dominé par les éléments fonctionnels : le stress (53.49%),

Au regard des résultats de cette étude nous pouvons affirmer que les constructions que nous avons obtenues indique les représentations sociales des déterminants des échecs stabilisés, bien structurée chez la population sous étude. Cependant, les acteurs et partenaires du système n'ont des représentations sociales univoques et unidimensionnelles des déterminants des échecs aux examens de fins d'années. La position sociale des sujets constitue donc une variable différentielle influençant leurs constructions sociocognitives. Ce qui confirme notre hypothèse de départ qu'il y a un lien entre les déterminants de l'anxiété en mathématique. Ce qui pourrait jouer sur les performances scolaires comme confirment les auteurs comme Servant (op.cit.); La fortune (1992) ; Daigneault, Laurin et Perrault (op.cit.) C'est pourquoi, nous suggérons, pour que l'élève renoue avec les performances scolaire, que l'enseignant agisse à la fois sur le conatif « le moteur des apprentissages » et sur le cognitif « directement lié au savoir

».Car une des missions essentielles des enseignants serait donc de créer un climat de confiance et un contexte pédagogique stimulant qui permettent à chaque élève de retrouver l'estime de soi et de renouer avec la réussite scolaire.

Selon Abric (op.cit.) l'approche structurale emmenée par la théorie du noyau central est l'une des approches élaborée pour l'analyse et l'interprétation des représentations sociales. Sa démarche consiste à décrire et à comprendre l'organisation des éléments constitutifs desdites représentations sociales, et s'avère utile pour l'étude de l'évolution des représentations sociales

Le capital émotionnel des apprenants rencontre des difficultés liées entre autres, à l'anxiété, à un manque de confiance en soi, à un stress vient perturber la santé et les performances académiques et professionnelles de ce dernier. L'élève est une personne unique, on ne peut isoler le raisonnement intellectuel de son contexte affectif, émotionnel et conatif. Perrudeau (2004) insiste sur l'aspect affectif et son importance dans les apprentissages, où, dit-il, la dimension affective est exacerbée. Les émotions sont au cœur de nos échanges. Des travaux ont porté sur les différences possibles de compétences entre la dimension

émotionnelle dans la relation enseignant-élève.

L'hypothèse du noyau structurant a une conséquence méthodologique. Si toute représentation est organisée autour d'un noyau, toute étude de représentation se doit d'identifier les cognitions constitutives de ce noyau, tout d'abord pour saisir l'organisation de la représentation étudiée, ensuite pour comparer des représentations différentes et enfin, pour estimer l'évolution d'une représentation. Ainsi, à l'aide d'une approche pluri-méthodologique, nous avons cherché à déterminer, à décrire, et à analyser les éléments constitutifs, l'organisation des représentations sociales des conditions de travail chez les enseignants afin de comprendre les modes de réflexion qui guident leurs actions et leurs attitudes.

Nous remarquons que le champ sémantique (01), avec l'item (05) « trous de mémoire a le plus grand nombre de liaisons avec l'indice de connexité le plus élevé (5) avec les items (envie d'uriner) et (panique). Nous dirons que cet item est le plus caractéristique, mais ne constitue pas le noyau central de cette représentation sociale chez l'ensemble des sujets sous étude chez l'ensemble des sujets. Deux items nous apparaissent centraux sur ce graphe : l'item désintérêt et trous de mémoire.

Ces deux items ont le plus grand nombre de connexité et les indices de lisons les plus forts chez les sujets masculins tandis que les sujets féminins que c'est l'angoisse qui apparait comme noyau central. Les sujets au collège ont noyaux centraux envie d'uriner et désintérêt quant à ceux sont au second cycle. Au terme de cette
étude, trois items apparaissent centraux sur ce graphe : les items désintérêt, angoisse et trous de mémoire.

# Chapitre 5 — *De l'anxiété à la confiance : pistes pédagogico-thérapeutiques*

- ï Développer les compétences émotionnelles des apprenants
- ï Stratégies pédagogiques concrètes pour enseignants et parents
- ï Perspectives pour la recherche et recommandations politiques

Développer les compétences émotionnelles des apprenants

La reconnaissance des compétences socio- émotionnelles, en tant que produits perfectibles à travers l'éducation et la formation continue, peut mobiliser des efforts soutenus afin de reconnaître leur rôle décisif non seulement dans les relations que les enseignants développent avec leurs élèves. Mais aussi au niveau individuel, en termes de performances et niveau de satisfaction, il y a un parallélisme entre affectivité et les fonctions cognitives c'est à dire entre intelligence et affectivité. L'affectivité intervient dans les opérations d'intelligence quelle les perturbe ou les stimule.

L'affectivité et l'intelligence sont deux aspects du développement mental qui évoluent de manière parallèle et interdépendante, chaque stade intellectuel étant accompagné d'un stade affectif correspondant. Qu'il y ait entre l'affectivité et l'intelligence une constante interaction, nul ne songe aujourd'hui à le nier. L'affectivité agit à la fois comme un moteur, stimulant l'apprentissage et le développement de la pensée, et comme un régulateur, influençant le déclenchement, la qualité et le déroulement des activités cognitives. Une atmosphère de sécurité affective favorise un développement intellectuel normal et de meilleures performances. Selon Jean Piaget, le développement de l'intelligence et celui de l'affectivité sont parallèles, se déroulant de concert à travers différents stades. Les émotions, les sentiments et les sensations sont des composantes essentielles de toute conduite et influencent le déclenchement et la progression des activités intellectuelles. L'affectivité peut stimuler ou perturber les processus intellectuels, provoquant des accélérations ou des retards dans le développement de la pensée.

Lorsque l'adolescent se sent valorisé, sécurisé et aime les activités, il est plus enclin à s'y investir, ce qui favorise un meilleur apprentissage et des résultats escomptés. Un climat affectif de confiance et de sécurité, offert par les parents et l'entourage, est essentiel pour un développement intellectuel harmonieux et la réussite scolaire. Les processus cognitifs permettent à l'adolescent de coordonner ses pensées et ses actions, notamment pour gérer et réguler ses émotions face aux défis de l'adolescence. L'intelligence, en développant la capacité à reconnaître et à comprendre les émotions (les siennes et celles des autres), contribue à une meilleure adaptation affective et sociale. Les enjeux de l'adolescence. Bien que l'affectivité devienne plus stable à l'âge adulte, l'adolescence est une période de grande instabilité émotionnelle, due en partie à la maturation des parties du cerveau contrôlant les émotions. Les questionnements sur l'identité, la sexualité et les relations interpersonnelles rendent l'environnement affectif d'autant plus délicat, nécessitant un soutien et une communication facilitée avec l'entourage.

Selon plusieurs auteurs scientifiques, la théorie des intelligences multiples de Gardner(1996) contribue sans conteste à la théorie de l'intelligence émotionnelle par l'apport de l'intelligence interpersonnelle et de l'intelligence intrapersonnelle, bien que Gardner n'utilise pas le terme d'intelligence émotionnelle. Ces auteurs relèvent que les intelligences interpersonnelle et intrapersonnelle ont un plus large éventail que l'intelligence émotionnelle. Elles renvoient non seulement au traitement des émotions, des sentiments et des affects, mais aussi aux intentions, aux éléments sociaux et à la personnalité.

Certaines critiques sont émises par les scientifiques à l'égard de la théorie de l'intelligence émotionnelle de Goleman(1995). En se basant sur les différents travaux qui ont donné naissance à ce concept, Coleman lui donne un sens plus large. Il incorpore à la fois des traits de personnalité, des attitudes, des talents, des performances, et des processus de traitement et de régulation des émotions. Le concept d'intelligence émotionnelle est « progressivement devenu un peu flou, au point d'englober tout ce qui apparaît important et que l'on ne sait pas mettre ailleurs. L'adaptation et la flexibilité de l'enseignant, ainsi que la gestion du climat de la classe sont particulièrement liées à l'implication de leur intelligence émotionnelle. On constate que les processus mentaux impliqués dans le traitement des émotions tels que l'attention aux émotions, leur régulation et leur expression sont identifiées en lien avec les pratiques enseignantes.

Bien que l'identification des émotions ne soit pas manifeste, l'enseignant accorde de l'importance à distinguer les "émotions porteuses" des autres, à reconnaître les pièges affectifs ainsi que les erreurs affectives.

Comprendre les émotions des élèves, prendre conscience et analyser les sentiments qui génèrent leur relation pédagogique, exprimer des émotions positives, représenter les contenus d'apprentissage avec émotion, sont autant d'habiletés émotionnelles reconnues par les enseignants comme étant essentielles dans leurs pratiques pédagogiques, c'est-à-dire dans celles qui visent les apprentissages. L'impact de l'intelligence émotionnelle au sein de l'apprentissage peut être vu sous différents angles. L'enseignant peut engager sa propre intelligence émotionnelle pour rendre plus efficace son enseignement. Il peut aussi mobiliser l'intelligence émotionnelle de l'apprenant pour plus de conséquence dans l'apprentissage. Dans ces cas, l'intelligence émotionnelle est considérée comme un instrument. Elle fait partie des outils pédagogiques de l'enseignant. Ce dernier peut également avoir comme objectif celui de développer l'intelligence émotionnelle des apprenants. L'intelligence émotionnelle des apprenants est alors vue par l'enseignant comme une finalité, un objectif en soi. Partant donc de celle-ci, l'enseignant va se focaliser sur l'expression des émotions de l'apprenant comme un instrument efficace pour communiquer avec son entourage en lui donnant la dimension affective. Dans toute relation pédagogique, inévitablement, le plaisir d'enseigner fait écho au plaisir d'apprendre, et le plaisir d'apprendre fait écho au plaisir d'enseigner. " La passion de l'élève pointe quand il sent l'enseignant se passionner devant lui. Seule la conviction est contagieuse"(Meirieu, 1985) car, une " source d'émotions et de plaisir" pouvant être " favorables à la motivation et au progrès". Par contre, la déception répétée de ne pas réussir peut mener à d'autres états affectifs tels que la honte, la frustration, la baisse de l'estime de soi, voire la culpabilité ou la colère.

On peut vouloir dire que l'affectivité intervient dans les opérations de l'intelligence, qu'elle les stimule ou les perturbe, qu'elle est cause d'accélérations ou de retards dans le développement intellectuel, mais qu'elle ne saurait modifier les structures de l'intelligence en tant que telles.

*Stratégies pédagogiques concrètes pour enseignants et parents*

Investir dans le climat scolaire est une nécessité pour la réussite scolaire. Le climat scolaire positif affecterait puissamment la motivation à apprendre, favoriserait l'apprentissage coopératif, la cohésion du groupe, le respect et la confiance mutuels. Notre objectif, c'est de prédire qu'avec le climat d'apprentissage et les questions de climat de relations, l'élève dans est les conditions émotives de réussite des apprentissages. Notre méthodologie part des visites de classes, de la sixième à la terminale dans l'élaboration une grille qui va nous permettre, à partir de l'observation directe, d'identifier les comportements pédagogiques désirables dans le cadre de notre recherche. Le climat scolaire repose sur les modèles reflète les normes, les buts, les valeurs, les relations interpersonnelles, les pratiques d'enseignement, d'apprentissage, de management et la structure organisationnelle inclus dans la vie de l'école.

Le climat scolaire est le terme générique utilisé aujourd'hui pour évoquer la qualité de la vie et l'atmosphère quotidienne qui règnent dans un établissement. Si de plus en plus d'acteurs s'intéressent au climat scolaire, c'est que les études ne cessent de confirmer qu'il tient un rôle important dans la réussite des élèves, et dans leur motivation à apprendre. Ils établissent ainsi une chaîne causale dans laquelle le climat perçu se trouve à l'interface de l'environnement objectif et de la motivation scolaire. Dans ce même canevas, Frediksen et Rhodes (2004) estiment qu'une relation enseignant – élève positive permet aux élèves de participer plus activement à certains sujets qui autrement ne les auraient pas intéressés. Ils ont démontré que la relation enseignant-élève a des répercussions à de multiples niveaux et que la qualité de cette relation a non seulement un impact sur le rendement scolaire des élèves mais également sur leur adaptation scolaire.

Ainsi, Thiébaud (2002) souligne que le climat scolaire renvoie à la qualité de vie et de communication perçue au sein de l'école. Par conséquent, le climat d'une école correspond à l'atmosphère qui règne dans les rapports sociaux et aux valeurs, attitudes et sentiments partagés par les acteurs dans l'établissement scolaire. Quant à Cohen et *al.*, (2012), ils stipulent que le climat scolaire reflète le jugement qu'ont les parents, les éducateurs et les élèves de leur expérience de la vie et du travail au sein de l'école. La sécurité des professeurs et leurs relations sociales et émotionnelles avec leurs collègues puis la qualité du leadership doivent être incluses tout autant que l'interaction entre la perception de ce climat par les parents, les élèves et les enseignants. La violence exercée contre et par les personnels est aussi à prendre en compte, même si elle est trop peu renseignée dans la littérature. Cependant, le climat scolaire est donc multifactoriel et doit être considéré comme le résultat d'un processus complexe.

Pour Janosz, Georges et Parent (1998), les composantes de l'environnement socioéducatif sont le climat scolaire et ses différentes facettes (Le climat relationnel (ou climat social) renvoie à la dimension socio-affective des relations entre les élèves, entre les enseignants mais aussi entre les élèves et les enseignants et entre les enseignants et la direction.

La relation entre le climat scolaire positif et la réussite des apprentissages des élèves a été bien établie. Un climat scolaire positif affecterait puissamment la motivation à apprendre, favoriserait l'apprentissage coopératif, la cohésion du groupe, le respect et la confiance mutuels. Bref investir dans le climat scolaire est une nécessité pour la réussite scolaire.

Comprendre que les émotions des élèves ne sont pas à négliger, que se l'on doit d'y investir par rapport au climat scolaire, prendre conscience et analyser les sentiments qui génèrent la relation pédagogique, exprimer des émotions positives, représenter les contenus d'apprentissage avec émotion, sont autant d'habiletés émotionnelles reconnues par les enseignants comme étant essentielles dans leurs pratiques pédagogiques. L'intelligence émotionnelle des apprenants est alors vue par l'enseignant comme une finalité, un objectif en soi. Partant donc de celle-ci, l'enseignant va se focaliser sur l'expression des émotions de l'apprenant comme un instrument efficace pour communiquer avec son entourage en lui donnant la dimension affective. Nous ajoutons la confiance en soi, étant donné son importance dans l'apprentissage des mathématiques.

La **confiance en soi** naît de la représentation que l'individu a de lui- même par rapport à sa capacité d'accomplir une tâche. C'est une notion reliée à l'estime de soi. L'estime de soi fait appel à la confiance fondamentale de l'être humain en son efficacité et sa valeur. » (Legendre, 1993,p. 560).Il y a les apprenants ont une perte de confiance en eux et de trou de mémoire.

La **motivation** est un ensemble de désir et de volonté qui pousse une personne à accomplir une tâche ou à viser un objectif qui correspond à un besoin (Legendre, 1993, p. 882) ou à un intérêt. Elle détermine souvent l'action. L'élève motivé perçoit la réussite comme possible et met en œuvre les moyens pour l'atteindre. Il lui est relativement facile de s'engager dans les tâches demandées et même de dépasser les exigences requises. Cela nous amène à nous intéresser aux modèles théoriques de la performance scolaire notamment celui de la motivation scolaire selon le modèle théorique de Viau(1994) .

Viau (1994) choisit une définition plus pratique de la motivation à apprendre en milieu scolaire et parle ainsi de dynamique motivationnelle. Ainsi, il définit la dynamique motivationnelle comme « un phénomène qui tire sa source dans des perceptions que l'élève a de lui-même et de son environnement, et qui a pour conséquence qu'il choisit de s'engager à accomplir l'activité pédagogique qu'on lui propose et de persévérer dans son accomplissement, et ce, dans le but d'apprendre ». Selon cet auteur, la dynamique motivationnelle des élèves comprend trois sources correspondant aux perceptions renvoyant aux jugements qu'une personne porte sur les évènements, sur les autres et sur elle-même. Ces trois sources comprennent la perception que l'élève a de la valeur d'une activité, la perception qu'il a de sa compétence à l'accomplir et sa perception de contrôlabilité sur son déroulement. La perception de la valeur d'une activité est caractérisée par le jugement que l'élève porte sur l'intérêt et l'utilité de l'activité en fonction des buts que l'élève poursuit. La perception de contrôlabilité sur le déroulement de l'activité correspond au degré de contrôle que l'élève considère exercer sur le déroulement de l'activité.

Enfin, la perception de Compétence de l'élève renvoie selon Viau au « jugement qu'il porte sur sa capacité à réussir de manière adéquate une activité pédagogique qui lui est proposée ». Ainsi, les élèves en difficulté d'apprentissage ont souvent des problèmes de motivation. Leurs difficultés à apprendre, leurs nombreux échecs et l'image qu'ils ont aux yeux des autres élèves amènent bon nombre d'entre eux à se démotiver et à perdre tout intérêt à apprendre en contexte scolaire. En somme, le modèle de Viau (1994) montre que la motivation est une condition nécessaire à l'apprentissage et ce, pour tous les élèves.

Pour passer de l'anxiété à la confiance, il est recommandé d'adopter des stratégies pédagogiques et thérapeutiques, notamment pratiquer la respiration contrôlée, identifier et questionner les pensées anxieuses, se fixer des objectifs réalisables, s'exposer progressivement aux situations redoutées, et s'entourer d'un soutien social solide. Il est aussi important de prendre soin de sa santé physique et de reconnaître les progrès accomplis, même les plus petits.

L'affectivité va alors devenir un outil permettant d'influer sur le climat de la classe. Elle est parfois utilisée comme un instrument de motivation. Elle permet d'ouvrir le dialogue, de responsabiliser les élèves lorsque le professeur les conséquences des attitudes, au travers des récompenses et encouragements. Elle peut être perçue comme un outil de pression, voire de culpabilisation, pour canaliser les énergies dans le travail. Pour de nombreux critiques qui estiment que de nombreux éducateurs doivent aider à atteindre leurs potentialités en tant qu'apprenants et que d'autres diront que *"les émotions ne sont pas des compléments. Elles sont au cœur de la vie mentale des êtres humains"*

Raymond Thomas et al (1987) définissent l'affectivité comme *"l'ensemble des affects, émotions et sentiments éprouvés par l'individu dans des situations variées" et renvoyant à l'impact et au retentissement émotionnel provoqués chez les sujets par les relations qu 'il entretient avec lui-même, autrui et le milieu"*. Il s'agit donc de réactions éminemment subjectives ressenties positivement ou négativement par l'individu plus ou moins visibles c'est à dire traduites en productions comportementales. Le sens commun oppose classiquement la motricité, la cognition et l'affectivité, mais cette opposition semble avoir des limites.

D'une part parce que les manifestations affectives dépourvues de contenues cognitives sont rares chez l'homme. D'autre part parce que les sémantiques (par exemples les perceptions, les images et les souvenirs) jouent généralement un rôle décisif dans la survenue des différents états affectifs. La joie, l'anxiété, la peur, la tristesse, la surprise, la fierté, la honte, l'admiration, l'amour, l'animosité...sont autant d'états affectifs qui peuvent survenir en classe en raison de la diversité des relations possibles. En tant que tel, les processus affectifs peuvent soutenir les processus d'apprentissage s'ils sont mobilisés **adéquamment.** L'apprentissage doit donc viser non pas les fonctions psychiques déjà venues à maturité mais, celles en maturation avec cette contrainte qu'il existe un seuil supérieur d'apprentissage. Favoriser les acquisitions chez l'enfant consiste pour l'adulte à aménager la transition de l'activité en tutelle à l'activité en autonomie et cela est fonde sur les interactions enseignant-enseigné.Dans les tentatives de traitement des difficultés de l'apprentissage, dans une perspective de pédagogie différenciée, c'est l'erreur qui permet d'apprendre. C'est la thèse défendue par Raynal et Rieunier(1997) affirmant que *"si un apprenant comprend les raisons de son erreur et s'il est informé des directions à prendre pour progresser, il a toutes les chances d'améliorer sa performance.* L'apprentissage scientifique, pour Vygotski, repose sur l'existence d'une conceptualisation à plusieurs et non sur une activité intrapsychique. Pour lui, l'apprentissage précède et accélère le développement grâce à une médiation entre rapprenant, le savoir et l'adulte. Cependant, dans cette médiation le langage intérieur joue un rôle essentiel. Un apprentissage commence-t-il aussi lorsque l'adulte et l'enfant construisent un contexte en partie commun et qu'à l'intérieur de ce contexte, l'adulte introduit des outils et des connaissances que l'enfant ne maîtrise pas encore. Un apprentissage se termine lorsque l'enfant a reconstruit pour lui-même les actions et les opérations constitutives de cet outil ainsi que le champ de ses applications. Entre ces deux moments l'adulte se dessaisit progressivement du contrôle qu'il exerce sur les situations. Cependant, tous les élèves ne sont pas à égale distance des attentes du maître. Il peut arriver que certains élèves soient confrontés, trop tôt, à des tâches qu'on leur demande d'accomplir seuls.

Pour Vygotski, le médiateur participe à la construction de la conscience et des outils de cognition de l'enfant par les interactions sociales (en particulier langagières). Le médiateur a pour fonction d'aider l'enfant à intérioriser, par construction, tes outils de raisonnement et de réflexion que l'adulte lui transmet.

Bruner a également contribué à développer chez l'enfant le modèle social de l'apprentissage et pour lui apporter une sorte d'implantation d'une conscience déléguée. Il semble que l'adulte qui est un tuteur procède à une sorte d'étayage.

ï   *Perspectives pour la recherche et recommandations politiques*

La reconnaissance des compétences socio-émotionnelles, en tant que produits perfectibles à travers l'éducation et la formation continue, peut mobiliser des efforts soutenus afin de reconnaître leur rôle décisif non seulement dans les relations que les enseignants développent avec leurs élèves. Mais aussi au niveau individuel, en termes de performances et niveau de satisfaction, il y a un parallélisme entre affectivité et les fonctions cognitives c'est à dire entre intelligence et affectivité. L'affectivité intervient dans les opérations d'intelligence qu 'elle les perturbe ou les stimule. Quels en seraient les enjeux ?

Les enjeux seraient de développer les compétences émotionnelles des apprenants à partir d'une approche pédagogico-thérapeutique. Bien que la dimension émotionnelle dans la relation enseignant-élève fût négligée, il faudrait agir différemment, c'est que pensent Gendron et La Fortune (2009). Ceux-ci soutiennent qu'aucune activité associée aux activités éducatives ne peut pas se limiter aux activités de nature cognitive, puisque des processus de nature socio-émotionnelle sont impliqués de la même manière et influencent la nature du climat d'enseignement et de mise en relation. Govaerts et Grégoire en concluent qu'« il ne suffit pas, pour une élève, d'être cognitivement convaincu de l'intérêt d'une matière scolaire pour s'y engager. Encore faut-il qu'il le ressente également affectivement. Ce n'est que lorsque cette double condition est remplie que le succès est à la clef.

« Et, insistent-ils, il ne suffit donc pas non d'aider les élèves à gérer leur stress ou leur anxiété lors d'un examen de mathématique pour augmenter leur performance, il est encore mieux de réussir à leur rendre la tâche agréable. »

Pour passer de l'anxiété à la confiance, des pistes pédagogiques et thérapeutiques incluent le travail sur les pensées négatives, l'acceptation de soi, la gestion du stress par des techniques de relaxation, l'adoption d'un mode de vie sain, et l'utilisation de thérapies comme la Thérapie Cognitive et Comportementale (TCC). Des approches telles que l'hypnose peuvent aider à modifier la perception de soi. Une écoute bienveillante aide à explorer les origines de l'anxiété et de la faible estime de soi. Le travail porte sur les pensées et émotions négatives pour apprendre à mieux se connaître, à accepter ses qualités et ses défauts, et à s'affirmer. C'est une aide à identifier et à remettre en question les biais de pensée négatifs, par exemple en contestant la notion de danger dans des situations craintes. Elle peut aussi inclure des exercices de mise en situation.

L'hypnose utilise l'imagerie mentale pour modifier la perception de soi-même et des situations, aidant ainsi à réduire la survalorisation ou la sous-évaluation. La gestion des ruminations c'est apprendre à ne pas lutter contre l'anxiété mais à l'utiliser comme une force, en distinguant les soucis qui mènent à l'action des pensées ruminatives sans fin. Les pistes pédagogiques et d'hygiène de vie en adoptant un mode de vie sain tel qu'avoir une alimentation équilibrée, pratiquer une activité physique régulière, assurer un sommeil de qualité, limiter la consommation d'excitants (café, alcool, tabac). Se reconnecter au présent en pratiquant des techniques de relaxation pour ancrer l'attention dans le moment présent, s'entourer de personnes valorisantes et apprendre à gérer les échecs et à accepter les compliments. La reconnaissance des compétences socio-émotionnelles, en tant que produits perfectibles à travers l'éducation et la formation continue, peut mobiliser des efforts soutenus afin de reconnaître leur rôle décisif non seulement dans les relations que les enseignants développent avec leurs élèves. Mais aussi au niveau individuel, en termes de performances et niveau de satisfaction, il y a un parallélisme entre affectivité et les fonctions cognitives c'est à dire entre intelligence et affectivité. L'affectivité intervient dans les opérations d'intelligence qu'elle les perturbe ou les stimule. Quels en seraient les enjeux ?

Les enjeux seraient de développer les compétences émotionnelles des apprenants à partir d'une approche pédagogico-thérapeutique. Bien que la dimension émotionnelle dans la relation enseignant-élève fût négligée, il faudrait agir différemment, c'est que pensent Gendron et La Fortune (2009). Ceux-ci soutiennent qu'aucune activité associée aux activités éducatives ne peut pas se limiter aux activités de nature cognitive, puisque des processus de nature socio-émotionnelle sont impliqués de la même manière et influencent la nature du climat d'enseignement et de mise en relation. Govaerts et Grégoire en concluent qu' « il ne suffit pas, pour une élève, d'être cognitivement convaincu de l'intérêt d'une matière scolaire pour s'y engager. Encore faut-il qu'il le ressente également affectivement. Ce n'est que lorsque cette double condition est remplie que le succès est à la clef. « Et, insistent-ils, il ne suffit donc pas non d'aider les élèves à gérer leur stress ou leur anxiété lors d'un examen de mathématique pour augmenter leur performance, il est encore mieux de réussir à leur rendre la tâche agréable. » Créer un environnement prévisible avec des routines claires et des règles cohérentes. Positionner les erreurs comme des opportunités d'apprentissage, encourage la participation aux activités d'équipe et mettre en place un espace calme. Tenir un journal pour noter les pensées, émotions et sensations face à des situations stressantes. Cela permet d'identifier les « erreurs de logique » dans ses pensées et d'apprendre à les remplacer par des pensées plus réalistes et positives. Se concentrer sur le présent en ancrant son esprit dans le moment présent pour éviter de se projeter dans des scénarios futurs négatifs. Noter et reconnaître les progrès réalisés, même les plus petits. Cela renforce la confiance en ses capacités. Parler de ses angoisses à des amis, des membres de la famille ou des groupes de soutien peut être très libérateur

Si l'effort conduit à l'échec, c'est à dire si les erreurs nécessairement produites pour apprendre n'ont pas de perspective de dépassement et d'évolution, alors les affects négatifs ressentis peuvent mener à ce que l'on nomme trivialement le découragement, ou plus scientifiquement « l'impuissance apprise » (Seligman, 1967). Selon Lieury et Fenouillet (1997), l'impuissance apprise (encore appelée résignation apprise), « arrive lorsque l'organisme ne perçoit plus de relation entre ce qu'il fait et les résultats de son action ». En d'autres termes, si l'élève a le sentiment que quoi qu'il fasse, il ne réussira pas, ou s'il ne perçoit pas ses progrès, alors il ressentira des affects négatifs, ses efforts chuteront brutalement, et son engagement deviendra nul.

Cherchant à sauvegarder l'essentiel, c'est à dire l'estime de soi (par la possibilité d'attribuer les échecs à un facteur interne mais instable, c'est-à-dire, le manque d'effort (Weiner, 1979), l'élève refusera d'apprendre, et ses conduites en risquent fort d'osciller entre fuite et agression (Laborit, 1985). L'enseignant veillera alors à créer les conditions d'un climat motivationnel de maîtrise afin d'encourager les buts d'orientation vers la tâche, et non les buts d'orientation vers l'ego : il aménagera des tâches différenciées et le mieux possible ajustées aux ressources des apprenants, il guidera judicieusement les réponses motrices sans étouffer l'appétit de recherche, le tout dans un climat démocratique fait d'encouragements, de dévolution de rôles et de confiance mutuelle. Certaines modalités de constitution des groupes seront aussi parfois préférées, pour ne pas exacerber l'impact du regard des autres sur la prestation de chacun, et la peur de se sentir ridicule. L'enjeu est que les élèves acceptent de prendre le risque de se tromper, c'est à dire cherche à atteindre le but prescrit par chaque situation d'apprentissage.

Si l'on peut penser que tout apprenant remplit les fonctions décrites ci-dessus, l'on est en droit de se demander ce qu'il sait de ce qu'il fait quand il le fait; ce qu'il connaît, de manière explicite de son activité d'apprentissage. Autrement dit, que fait-il de ces savoirs, quand il en a ? Avoir ce genre de connaissances modifie-t-il la manière d'apprendre de celui qui les a? Améliore-t-il le résultat? Est-il confronté à des difficultés lors de l'apprentissage face à son environnement voire face au climat de l'école? Est-il confronté à des difficultés lors de la prise en compte de la dimension affective? Notre objectif, c'est de prédire qu'avec le climat d'apprentissage, l'élève dans est les conditions émotives de réussite des apprentissages. Investir dans le climat scolaire est une nécessité pour la réussite scolaire Nous défendrons l'idée selon laquelle la dimension affective représente un moyen potentiellement positif envers les apprentissages, en même temps qu'elle constitue le cœur même d'apprentissages à construire. Notre hypothèse est le fait qu'il y a une relation significative "du vivre ensemble scolaire" et le climat de réussite en apprentissage des élèves de l'établissement Jean Piaget.

La fonction enseignante est l'une des activités professionnelles qui nécessite le concours de plusieurs qualités aussi bien psychologiques que sociales. Dans le but de véhiculer un message, d'éduquer et d'enseigner, les enseignants ont besoin de créer une atmosphère propice à la transmission du savoir. Car, l'acte d'enseigner n'est pas seulement une succession de méthodes pédagogiques, mais dépend aussi et surtout de la capacité de l'enseignant à construire une relation de confiance avec ses élèves en tenant compte de leur univers émotionnel ainsi que du sien.

Le travail de l'enseignant va consister à travailler avec des êtres humains, sur des êtres humains et pour des êtres humains (Tardif et Lessard, 1999). La pratique enseignante offre également une relation affective et émotionnelle, qui rend compte de l'implication des acteurs. Par exemple, en se référant à la théorie de la motivation et des besoins de Maslow (2008), nous pouvons affirmer que connaitre et nommer ses élèves renforcent chez ceux-ci un sentiment de reconnaissance qui peut amener à s'intégrer et à s'impliquer dans les apprentissages.

L'apprentissage peut être vu comme la mise en relation entre un évènement provoqué par l'extérieur (stimulus) et une réaction adéquate du sujet. Cette relation produit un changement de comportement qui est persistant, mesurable, et spécifique ou pas clair à l'individu de formuler une nouvelle construction mentale ou de réviser une construction mentale préalable. Appréhender l'apport de l'affect dans le processus d'apprentissage revient alors à répondre aux questions suivantes *"comment le couple attraction/répulsion dans la relation enseignant/élève influence-t-il la relation la relation élève/savoir ? ", " L'affection de l'enseignant est-elle toujours favorable à un bon climat dans le processus d'apprentissage ? "*

Chacun des enseignants a conscience que la relation affective intervient dans la pratique de son métier. C'est elle qui motive l'enseignant à établir des règles dès le début de l'année, favorisant un cadre propice à la transmission du savoir. L'affectivité devient ou semble devenir alors un outil permettant d'influer sur le climat de la classe. C'est l'outil qui permet de faire passer son message, se faire accepter par le groupe-classe. Il permet de mieux responsabiliser les élèves en montrant à travers encouragement et récompenses les conséquences de leurs attitudes. De plus l'affectivité constitue au regard des réponses des différences enseignants un moyen de pression voire de répression qui permet de canaliser les énergies des élèves en classe.

Banner et Cannon (1997) pensent que l'enseignant, en plus d'être un expert possédant un arsenal en matière de connaissance et en matière de pédagogie, est un véritable artiste en matière d'enseignement selon le point de vue humain.

Aujourd'hui, n'importe qui ne devrait embrasser la carrière du moins le métier d'enseignant, car bien souvent, l'on oublie que l'enseignement est un art. Si l'expertise pédagogique et la connaissance technique sont indispensables, l'enseignement, est en dernière analyse, un art créatif qui, à partir de connaissances existantes, crée quelque chose de nouveau grâce à des efforts psychologiques et intellectuels spontanés et improvisés mais disciplinés par l'éducation et l'expérience. Ce que l'art peut nous apporter à partir de notre propre personne, il nous faut l'imaginer puis le mettre en pratique dans l'enseignement.

Les émotions suscitées par ces décisions ou précédant celles-ci étaient vues comme des épiphénomènes et non comme faisant partie intégrante du processus de prise de décision (Loewenstein, Weber, Hsee & Welch, 2001). Par la suite, de nombreuses études de psychologie ont remis en question ces théories normatives et souligné l'importance des émotions dans le processus décisionnel, chez l'enfant comme chez l'adulte, notamment à travers l'étude de la survenue d'erreurs systématiques qui caractérisent la prise de décision ((Blanchette & Richards, 2010) ;(Seymour & Dolan, 2006); (Plassmann, Oullier, 2011)). Dès lors qu'il implique des pertes et des gains potentiels, le processus de prise de décision à risque est fortement lié aux émotions qui peuvent survenir avant, pendant ou après les choix (Breugclmans, & Pieters, 2008). On s'est rendu compte que la prise décision l'importance des émotions n'est pas à négliger. Si les émotions peuvent parfois mener les individus au biais (De Martino et al., 2006), elles peuvent également constituer une aide dans l'accès à la logique, grâce à la récupération d'une expérience émotionnelle antérieure (Houdé, 2007). Dans l'exemple de situation de prise de décision, quel choix fera notre adolescent ? Est-il possible, pour une personne extérieure, de prédire ses décisions ?

# Glossaire

**Anxiété**

Selon La fortune et Massé (2002), c'est un état affectif caractérisé par des sentiments d'aversion et de panique à l'égard de cette discipline. Ces auteurs considèrent que l'anxiété des mathématiques a des conséquences au niveau du choix de carrière et qu'elle cause de la désorganisation mentale, de l'évitement, des trous de mémoire et des pertes de contrôle.

**Anxiété spécifique aux mathématiques**

Peut être définie comme un « état affectif caractérisé par de l'inquiétude, des malaises et de la peur qui peut empêcher de faire des mathématiques » (La fortune et Massé, op.cit.).

les déterminants de l'anxiété :

**La théorie des représentations sociales**

En tant que théorie de la connaissance du sens commun peut nous aider à appréhender les croyances, les opinions, les attitudes, développées par les sujets à propos des échecs massifs en matière de mathématiques. Selon Serge Moscovici, la théorie des représentations sociales est un concept central en psychologie sociale qui décrit comment les individus et les groupes construisent et partagent des connaissances, des croyances et des symboles pour comprendre et interpréter le monde qui les entoure. Les représentations sociales ne sont pas des reflets passifs de la réalité, mais des constructions actives qui permettent de la façonner et de lui donner un sens pratique. Elles sont le produit de processus cognitifs et sociaux, et elles permettent de relier la pensée individuelle aux systèmes de communication et aux rapports intergroupes. une représentation sociale est appréhendée comme « un ensemble d'informations, de croyances, d'opinions et d'attitudes à propos d'un objet donné » (Abric, 1994, p. 19)

**Le questionnaire d'évocation**
Recueille les associations libres des individus, la théorie du noyau central analyse ensuite la structure hiérarchique des représentations en deux systèmes : un noyau central (essentiel et organisateur) et un système périphérique (plus souple, concret et contextualisé).

**Analyse de similitude**
utilise les données de l'évocation pour identifier les relations entre les mots et cartographier la structure de la représentation sous forme de graphes.

**Questionnaire d'évocation**
Demander aux participants de lister spontanément, en un temps limité, les mots ou les expressions qui leur viennent à l'esprit en pensant à un thème donné (par exemple, le baccalauréat).Recueillir un maximum d'informations brutes pour analyser la structure de la représentation sociale.

**Théorie du noyau central (selon Abric)**
Une représentation sociale est structurée autour d'un noyau central, composé d'éléments fondamentaux, et d'un système périphérique, qui englobe les éléments plus secondaires et contextualisés. Il est constitué de peu

d'éléments, mais il est essentiel car il donne sens à l'ensemble de la représentation et organise les autres éléments. Il a une fonction génératrice et une fonction organisatrice.

**Système périphérique** : Il est plus souple et sert de cadre pour les éléments centraux, les rendant plus concrets et adaptés aux situations spécifiques.

### Émotion

Est une réaction affective, heureuse ou pénible, se manifestant de diverses façons (Sillamy, 1980).

### Items

Questions qui ont été conçus à partir d'une première approche

### Questionnaire de caractérisation

Elle permet une approche thématique et la mise en évidence des éléments qui décrivent la représentation

Logiciel informatique Evoc 200 5 et Simi 2003 :

Indice de connexité :

**Analyse de similitude** (Flament, 1989; Verges, 2001 ; Grize, Vergcs& Silcm, 1987).

Il s'agit d'une technique d'analyse des données permettant d'explorer le graphe d'une relation qui unit deux à deux les éléments d'un ensemble.

**La peur des mathématiques** : C'est un état affectif caractérisé par des sentiments d'inquiétude à l'égard de cette discipline.

**Perte de confiance en soi**

une désorganisation mentale qui va s'installe d'où la frustration dans laquelle l'apprenant

La **confiance en soi**

Naît de la représentation que l'individu a de lui- même par rapport à sa capacité d'accomplir une tâche.

**Estime de soi**

fait appel à la confiance fondamentale de l'être humain en son efficacité et sa valeur. » (Legendre, 1993,p. 560).Il y a les apprenants ont une perte de confiance en eux et de trou de mémoire.

La **motivation** est un « ensemble de désir et de volonté qui pousse une personne à accomplir une tâche ou à viser un objectif qui correspond à un besoin » (Legendre, 1993, p. 882) ou à un intérêt. Elle détermine souvent l'action.

## REFERENCES BIBLIOAGRAPHIQUES

Abric, J-C. (2003). Méthodes d'études des représentations sociales. Saint-Agnet, Erès.

Abric, J C. (1994). Pratiques sociales et représentations sociales. Paris : PUF.

Albert, D., & Steinberg, L. (2011). Judgment and Decision Making in Adolescence. Journal of Research on Adolescence, 21(1), 211-224.

Ashcraft, M. H., & Moore, A. M. (2009). Mathematics anxiety and the affective drop in performance. Journal of Psycho educational Assessment, 27(3), 197-205.

Blanchette, I., & Richards, A. (2010). The influence of affect on higher level cognition: A review of research on interpretation, judgement, decision making and reasoning. Cognition and Emotion, 24(4), 561-595.

Bord, E., (1969). Les Probabilités et la certitude. Paris, P.U.F.

Caffray, C. M., & Schneider, S. L. (2000). VVhy do they do it? Affective motivators in *adolescents' decisions to participate in risk behaviours.* Cognition and Emotion, 14(4), 543- 576.

Casey, B. J., Getz, S., & Galvan, A. (2008). The adolescent brain. Developmenta! Review, 28(1), 62-77.

Damasio, A., R., (1995). *L'Erreur de Descartes :* la raison des émotions. Paris, Odile Jacob.

Daigneault, G., Laurin, A-J., & Perrault, A-C. (2011). L'apprenti ado : favoriser les apprentissages scolaires des adolescents en tenant compte des fonctions cognitives et du stress. Montréal Chenelièr éducation.

Flament, C. (1981). L'analyse de similitude: une technique pour les recherches sur les représentations sociales. Cahiers de psychologie cognitive, 1(4), 377.

Gendron, B. (2008). Capital émotionnel et éducation. Dictionnaire de l'éducation. Van Zanten A. (dir.), Paris : PUF.

Gendron, B., & Lafortune, L. (2004). Leadership et compétences émotionnelles. Dans l'accompagnement au changement. Québec : Presses de l'Université du Québec.

Govaerts, S., Grégoire, J. (2006). Motivation et émotions dans l'apprentissage scolaire. Paris : PUF.

Houdé, O. (2000). Inhibition and cognitive development: object, number, categorization, and reasoning. Cognitive Development, 15(1), 63-73.

Houdé, O. (2011). *La psychologie de l'enfant.* Paris : Presses Universitaires de France-PUF. Houdé, O. (1995). Rationalité, développement et inhibition : un nouveau cadre *d'analyse.* Paris : Presses Universitaires de France - PUF

Lafortune, L. (2012). Pédagogie et psychologie des émotions, vers la competence émotionnelle. Québec : PUQ.

Lafortune, L., Massé, B. avec la collaboration de Lafortune, S. (2002). Chères mathématiques : susciter l'expression des émotions en mathématiques. Québec : Presses de l'Université du Québec.

Loewenstein, G., Weber, E. U., Hsee, C. K., & Welch, N. (2001). Risk as feelings. Psychological Bulletin, 127(2), 267- 286.

Mayer, J. D., & Salovey, P. (1993). The intelligence of emotional intelligence. Intelligence, 17,433.442.

Moscovici, S., & Buschini, F. (2003). Les méthodes des sciences humaines fondamentales. Paris : Presses Universitaires de France.

Perraudeau, M. (2004). Accompagner les apprentissages. A. Weil-Barais Les Apprentissages scolaires, Bréal.

Piaget, J., & Inhelder, B. (1974). *La Genèse de l'idée de hasard chez l'enfant, 2e édition.* Paris : Presses Universitaires de France - PUF.

Piaget, J., & Inhelder, B. (1996). *La psychologie de l'enfant*. Quadrige. Paris : Presses Universitaires de France - PUF. Reyna, V. F., & Farley, F. (2006). Risk and Rationality in Adolescent Decision Making:Implications for Theory, Practice, and Public Policy. Psychological Science in the Public Interest. 7(1), 1-44.

Servant, D. (2003). Soigner le stress et l'anxiété par soi-même. Paris : Odile Jacob.

Spicss, J., Etard, O., Mazoyer, B., Tzourio-Mazoyer, N., & Houdé, O., (2007). The skinconductance component of error correction in a logical reasoning task. Current Psychology Letters: Behaviour, Brain & Cognition, 23(3).

Zakaria, E., & Nordin, N. M. (2008). The effects of mathematics anxiety on matriculation students as related to motivation and achievement. Eurasia J. Math. Sci. Technol. Educ. 4,27- 30.

www.ingramcontent.com/pod-product-compliance
Lightning Source LLC
Chambersburg PA
CBHW070825250426
43671CB00036B/2152